Mas Allá
de Mis Heridas
Soy Testigo del Poder de Dios

Heidy Mejia

Copyright © 2023 Heidy Mejia
All rights reserved.
ISBN: 979-8-8690-8934-2

Reconocimiento

Quiero agradecer a todas esas personas que, de una manera u otra, estuvieron presentes y aportaron para que este libro se hiciera realidad. Gracias a mis hijas, las cuales han estado ahí en este proceso que fue tan difícil mientras escribía, ellas siempre han creído en cada palabra que Dios ha dado a mi vida y a mi esposo, Tony Mejia por creer en mí, por sus oraciones. Dedico este libro, que lleva parte de mi testimonio, primeramente, al Padre, al Hijo y a mi amigo fiel, El Espíritu Santo. Gracias a su infinito amor y misericordia estoy de pie y nunca he estado sola.

También lo dedico a cada persona que se identifique con mi testimonio, a cada persona que haya sido marcada y haya sobrevivido, a quienes el enemigo quizás haya atacado con todo para destruirlos y aún están de pie, porque reconocen que solo la gracia y misericordia de Dios los sostiene. A través de este libro deseo llevar un mensaje de fe y esperanza a cada uno de ustedes. Que les sirva de bendición y edificación a sus vidas.

Dios los bendiga a todos.

Los nombres de las personas mencionadas en mi testimonio han sido cambiados para evitar cualquier reconocimiento.

Mas all de Mis Heridas

CONTENTS

PRÓLOGO

Cuando conocí a Heidy, pude vislumbrar que había un propósito muy grande de parte de Dios y que Ella estaba preparando para un ministerio que alcanzaría a muchas personas en todo el mundo. Su manera de servir a Dios demuestra que su corazón tiene a Su Creador como su centro.

Dios la escoge para contar experiencias que serán como las voces de millones de mujeres que han tenido que guardar silencio por causa de las heridas del pasado. Heidy Mejia, la autora de esta preciosa joya escribe de lo más profundo de su alma. Tuve la oportunidad de ser testigo de las lágrimas, de algunas de las ocasiones que dijo: << no lo voy a lograr>>, de muchas de las veces que se desvelaba y se sentía desalentada, pero también fui testigo de cómo Dios la fortalecía, y la inspiraba a seguir, entendiendo que este libro "Mas Allá De Mis Heridas" seria de bendición y una herramienta poderosa para que muchas personas comprendan que no están solos a pesar del dolor. Será un libro que renacerá valentía y deseo de superación para muchos.

LICDA. Mabel M. Pizarro

Sacando Espinas

PUES TENGO POR CIERTO QUE LAS
AFLICCIONES DEL TIEMPO PRESENTE
NO SON COMPARABLES CON LA GLORIA VENIDERA
QUE EN NOSOTROS HA DE MANIFESTARSE.
ROMANOS 8:18

Jamás pensé que me dolería tanto escribir sobre mi historia. Tal vez para muchos sea fácil tomar un lápiz y papel y escribir sobre sus experiencias. Sin embargo, para mí no fue el caso. Pasé muchos años de mi vida tratando de olvidar memorias y recuerdos dolorosos vividos desde mi niñez. En octubre de 2015, una mujer vino a mí y me habló de parte de Dios. Me dijo: "Veo una libreta. Es como un libro. Te veo escribiendo una historia". En ese momento supe que debía abrir mis heridas y hablar acerca de mi testimonio. No fue hasta agosto de 2016 cuando decidí comenzar a escribir.

Cada vez que tomaba el lápiz y escribía, ataques espirituales venían sobre mí. Se hacía muy difícil hablar de cosas que marcaron mi vida de una u otra manera. Por años luché contra el miedo al qué dirán. Y la duda empezaba a arropar mi mente. Cada página de este libro no solo lleva tinta de un lapicero, sino lágrimas que derramaba, ya que mientras escribía volví a vivir momentos dolorosos, y fui confrontada por la realidad de que mis heridas no habían sido sanadas completamente.

No entendía el proceso por el que estaba pasando al escribir y la razón de lo que estaba sintiendo, lo cual me detuvo por un tiempo. Solo me faltaba el último capítulo cuando algo extraño comenzó a ocurrir en mí: comencé a sentir un dolor inexplicable, no solo emocional, sino físico. Pasaba noches sin dormir, días sin poder comer, con vómitos y dolor en mis huesos, pero médicamente no había una explicación.

Un día, mientras oraba, le pregunté al Señor: "¿Por qué estoy sintiendo tanto dolor al recordar mi pasado? ¿Por qué mi cuerpo siente el dolor?". En ese momento Dios me dio una visión. Me mostró una espina enterrada en una mano. Vi cómo la espina no molestaba tanto mientras estaba sin tocar, pero si se dejaba dentro, infectaría la mano. Dios me dijo: "¿Ves esa mano herida? La espina representa esas heridas que has tenido por tanto tiempo, y que no dejas a nadie sanar por causa del miedo".

En ese momento me mostró la espina siendo sacada de la mano. Podía ver claramente cómo toda la piel que la rodeaba era desgarrada y sangraba, pero cuando ya estaba fuera, se sentía un alivio y la incomodidad se iba: el proceso de sanidad comenzaba. "Eso es lo que estás sintiendo al escribir sobre cosas que te han marcado y lastimado por tantos años. Me has permitido entrar y sanar esas heridas que ocultaste y te llevaron a un estancamiento en tu vida.

Ese dolor físico que sientes es porque, al igual que la piel fue desgarrada, estoy quitando todas las cadenas que han atado tu vida debido a la falta de perdón. A veces preferimos dejar la espina ahí para evitar el dolor de sacarla, pensando que será menos doloroso, sin percatarnos de que a largo plazo solo traerá una infección a nuestra vida. Esta infección representa el odio, las raíces de la amargura, la falta de perdón, la culpa, la depresión y el miedo, entre otras cosas. No solo nos afecta a nosotros, sino también a aquellos que nos rodean. El proceso de sanación no es fácil, pero es necesario.

Todos hemos sido marcados de alguna manera por eventos dolorosos que hacen que a algunas personas les tome más tiempo abrirse y exponer sus heridas. Todo lo que atravesamos es una oportunidad para que Dios sea glorificado y nos muestre su poder para sanar y restaurar. No importa cuántos errores y aflicciones enfrentemos debido al pecado, Dios siempre nos espera con los brazos abiertos para transformar nuestras vidas y convertirnos en una bendición para otros. Solo debemos dar el primer paso y abrirnos ante su presencia para permitirle entrar y sacar las espinas.

En Lucas 8:43-44, se relata la historia de una mujer que había padecido de flujo de sangre durante doce años y había gastado todo cuanto tenía en médicos sin encontrar cura. Después de intentarlo todo, un día tomó la decisión de acercarse a Jesús por detrás y tocar el borde de su manto. De inmediato, el flujo de sangre se detuvo. Lo más impresionante de esta historia no es que ella haya sido sanada por Jesús, sino la decisión que tomó. Jesús es el Todopoderoso y para Él no hay nada imposible. Sin embargo, Él no puede hacer nada en la vida de una persona que no toma la decisión de acercarse a Él.

Esta mujer podría haberse quedado en su casa, ya que las leyes de ese tiempo eran muy estrictas. En Levítico 15:19-33, se explica que una mujer con flujo de sangre era considerada impura, debía ser excluida de la sociedad durante un tiempo y nadie podía acercarse a ella. Incluso, si ella se sentaba en una silla, nadie más podía sentarse allí.

Ella vivió doce años con esta condición, alejada de todos, sin familia, sin esperanzas. Su condición la alejó de todos, hasta que un día tomó una decisión que podía costarle la vida. Se atrevió a arriesgarlo todo por su milagro; no le importó lo que los demás dijeran o incluso que la apedrearan. Decidió poner su mirada en Jesús y no en los hombres, y por eso tuvo éxito.

Todos tenemos una condición que de alguna forma nos aleja de las personas que amamos. Sin embargo, no podemos quedarnos encerrados y morir en ese cuarto, sino que debemos levantarnos y caminar con la mirada puesta en el único que no solo tiene el poder de sanarnos, sino también de salvarnos: Jesucristo, ¡nuestro Señor y Salvador!

INOCENCIA MARCADA

Juan 13:7
RESPONDIÓ JESÚS Y LE DIJO:
LO QUE YO HAGO TÚ NO LO COMPRENDES
AHORA; MAS LO ENTENDERÁS DESPUÉS

Desde muy temprana edad, tuve que presenciar el abuso físico y emocional que mi padre ejercía sobre mi madre. A pesar de que éramos una familia cristiana que asistía a una iglesia en Trujillo Alto, Puerto Rico, la felicidad y estabilidad que aparentábamos no era más que una fachada.

Mi padre desempeñaba un papel activo en la iglesia,

siendo incluso el chofer del autobús. Sin embargo, le era infiel a mi madre con jóvenes de esa misma congregación. Recuerdo una ocasión en la que, al término de un servicio, mi padre decidió llevar a los demás hermanos a sus hogares, dejando intencionalmente a una joven para el final. Le pidió que ocupara el asiento del copiloto y relegó a mi madre al último asiento, junto a nosotros. Durante el trayecto, observaba cómo mi padre coqueteaba con la joven, quien al parecer era su "novia". Nos dejó frente a nuestra casa y se marchó con ella. Al llegar, mi madre y él discutieron, los gritos provenientes de la habitación eran una muestra más de la situación normalizada en nuestra relación familiar.

Mi papá era parte activa de la iglesia y el chofer del autobús. Mi padre le era infiel a mi madre con jóvenes de la misma iglesia. Recuerdo una ocasión en que salimos de un servicio y mi padre hizo la ruta para llevar a los hermanos a sus casas, pero a una joven la dejó para el final. Le pidió que se sentara en el asiento del pasajero y mandó a mi madre al último asiento, con nosotros. Durante el camino veía como mi papá coqueteaba con la joven, que al parecer era su «novia». El manejó hasta donde vivíamos, nos dejó frente a la casa y se fue con ella. Al llegar, mi madre y el discutieron. Yo podía escuchar los gritos del otro lado de la habitación. Era algo normal en su relación.

En el ano 1989, poco antes del huracán Hugo, comenzó el abuso sexual de parte de mi padre. Continuamente entraba en la bañera a la hora de bañarme y me hacía observarlo mientras se masturbaba. Yo lloraba de miedo mientras el cubría mi boca para que no me escucharan. Luego me llevaba a la sala y me sentaba en sus piernas pidiéndome perdón.

Me decía que me amaba mucho, que por eso el hacia estas cosas y a la misma vez amenazaba con quitarnos la vida si me atrevía hablar de esto con alguien.

No entendía lo que estaba pasando. Sentía mucho miedo. Con tan solo cuatro años, él había robado mi inocenciá, al punto de que incluso me resultaba difícil jugar con muñecas. Cuando llegaba la hora de bañarme, trataba de hacerlo rápido antes de que él entrara al baño, pero aun así encontraba un momento para tocarme. Durante ese tiempo, comencé a ir al preescolar.

Lloraba constantemente, vomitaba y no comía. Los trabajadores sociales intentaban comprender y descubrir qué me estaba sucediendo, ya que mi comportamiento no era normal. No me atrevía a hablar por miedo a que mi papá cumpliera sus amenazas de hacerme más daño y de matar a mi madre.

Por otro lado, los trabajadores sociales de la escuela tuvieron varias reuniones con mis padres para tratar de entender mi comportamiento, pero llegaron a la conclusión de que mi conducta estaba relacionada con mi condición de salud: desde mi nacimiento tenía problemas de alergia a la leche y mi estómago era muy delicado, por lo que estuve hospitalizada constantemente. A pesar de todo esto, Dios me envió un ángel: ella fue mi maestra. En ella encontré el refugio que nadie pudo ofrecerme en aquellos momentos de dolor. Ella se quedaba a mi lado durante la hora del almuerzo y la siesta, ya que era una niña solitaria. Me resultaba difícil jugar con otros niños y me escondía debajo de la mesa en la escuela, ya que así me sentía protegida.

En el año 1991 (yo tenía alrededor de seis años de edad), nos mudamos a una zona residencial que se llamaba

Covadonga, en Trujillo Alto. En ese tiempo el abuso sexual fue más intenso. Parte de esto incluía obligarme a tener sexo oral. A él no le importaba que yo vomitara y temblara de miedo. A él solo le importaban sus deseos.

Cada noche el esperaba a que todos se durmieran. Venía a mi cuarto, me quitaba la sabana y me cargaba (en ocasiones me arrastraba hasta su cuarto). Colocaba una colcha rosada en el piso y allí me acostaba junto a él. Se quitaba su ropa, tapaba mi boca muy fuerte y abusaba de mí. Cuando yo trataba de golpearlo o salir corriendo, me agarraba con fuerza y me enseñaba un cuchillo que colocaba debajo de la almohada donde mi mamá dormía.

Yo, llena de miedo porque le causara daño a mi madre, permitía el abuso y trataba de guardar silencio. Recuerdo tener constantemente el mismo sueño: un personaje alto, vestido de negro, con la cara cubierta, me perseguía por un monte. Al alcanzarme me tiraba al suelo y me hacía daño, abusaba de mí y me dejaba herida. Yo lograba escapar de él. Luego podía ver otro personaje, gigante, vestido de blanco y oro y lleno de luz resplandeciente. Esta persona me esperaba con las manos abiertas y me cargaba hasta que yo me calmaba. Luego me sentaba junto a él y ponía sus manos en mis heridas, hasta que estas sanaban. Después me llevaba a un lugar seguro y se marchaba.

Es increíble como a tan corta edad, y sin tener

conocimiento del mundo espiritual, podía tener tantas experiencias. En ellas vi a los demonios entrando a mi cuarto y burlándose de mí. Había una mano de un demonio, con unas garras muy largas, que entraba por mi ventana y trataba de agarrarme. No me atrevía a pedir ayuda para evitar que mi padre entrara al cuarto. Muchas veces vi como la cara de mi padre se transformaba en algo demoniaco mientras abusaba de mí.

NOTA: Es muy importante que como padre eduquemos a nuestros hijos en cuanto a la lucha spiritual y que busquen ayuda si sienten miedo por cualquier situación.

Mi padre no solo abuso de mí, si no que mis amigas También fueron sus víctimas. Fui testigo de cómo abuso de una de mis amigas. Ella tenía aproximadamente once años y me obligó a presenciar la escena. Después nos amenazó. En una ocasión mi padre me recogió en la escuela para ir a almorzar conmigo. Me llevó al carro y tapó las ventanas con unas sabanas.

Unas mujeres, que caminaban por la calle y al parecer notaron algo extraño, golpearon las ventanas del vehículo. Él se bajó disimuladamente. Poco después mi mamá llegó a la escuela y se fueron a la oficina. Después de ese incidente, estuve un tiempo en un orfanato llamado Rosa de Sharon, en Guaynabo, Puerto Rico.

Al tiempo salí del hogar y regresé con mis padres.

Inmediatamente nos mudamos a casa de un matrimonio cristiano, pues el padre de mi amiga se había enterado del abuso de mi padre. Al mudarnos a esa casa, nos sentimos como en familia. Ellos nos trataron muy bien, pero el abuso, aunque disminuyó, no cesó. El esperaba al momento oportuno para llevar a cabo su plan macabro.

Cuando mi madre hacia diligencias, yo trataba de quedarme con ella, pero el me obligaba a quedarme con él. Al transcurrir el tiempo nos mudamos a casa de un familiar paterno en Gurabo PR. En ese momento mi madre estaba decidida a separarse de él. Al reclamarle por lo que me había hecho, rápidamente la tomó por el brazo y se lo lastimó con una plancha caliente. Desde ese día ella planeó como escapar, así que aprovechó que mi papá había salido y nos fuimos. Solo nos llevamos un bulto cada una y caminamos hasta el transporte público, rumbo a Río Piedras.

Una amiga de mi madre nos ayudó dándonos albergue en su casa por un tiempo, alejándonos así de todos. De este modo evitamos que mi padre nos hiciera daño. Mis hermanos sufrían diariamente mucho por la ausencia de mi padre, pues ellos no entendían. Por otro lado, yo me sentía más tranquila, aunque en ocasiones sentía que lo extrañaba. Desarrollé el síndrome de Estocolmo, que produce una identificación con el agresor, un vínculo en el sentido de que la víctima empieza a tener sentimientos de identificación, de simpatía y agrado por su abusador.

Durante este proceso, yo me sentí culpable por todo lo que estaba sucediendo. Me sentía responsable por la separación de mis padres y de que mis hermanos no pudieran estar con mi papá.

CONFUSION EN MI PROPIO MUNDO

**ÉL SANA A LOS QUEBRANTADOS DE CORAZÓN,
Y VENDA SUS HERIDAS.
SALMOS 147:3**

Había pasado mucho tiempo desde la separación de mis padres. Todos los días íbamos al departamento de ayuda a mujeres y niños maltratados en San Juan, Puerto Rico. En ese lugar, ayudaban a conseguir viviendas para las víctimas de la violencia doméstica, entre otras cosas. El proceso de divorcio había empezado entre mis padres y, por supuesto, mucha gente decía que era por infidelidad y dieron poca importancia al abuso que yo había sufrido. Mi madre fue referida a un centro de ayuda para mujeres maltratadas. Durante ese proceso, presencié cosas fuertes que ocurrían en ese lugar, cosas que no entendía y que aumentaron mis miedos, haciéndome dudar de que lo que mi padre me había hecho no fuera normal.

En ese lugar de ayuda, nos encontraron un apartamento con la asistencia del gobierno y pudimos mudarnos al Residencial El Prado, en Villa Prades, Puerto Rico. Fue difícil adaptarnos, ya que se veía mucha violencia, drogas, armas, etc. Después de varios meses viviendo allí, encontramos una iglesia en la que congregarnos.

Mi corazón estaba lleno de un gran vacío y muchas dudas, ya que no entendía cómo mi padre, siendo "cristiano", me había causado tanto daño.

Historias dolorosas se repetían y yo presenciaba infidelidades, mentiras y manipulaciones. Un fuerte sentido de soledad me hizo guardar muchas cosas y enfrentarlas en solitario.

Oraba diariamente junto a mis hermanos, tanto en casa como en la iglesia, pero siempre le reclamaba a Dios por permitir tanto dolor en mi corazón. A veces dudaba de su existencia y de si realmente me amaba. Satanás jugaba con mi mente haciéndome sentir y pensar que yo era un error, y que era culpa mía que mis hermanos sufrieran al no tener un padre a su lado y que mi madre no pudiera traer provisiones para nosotros.

Un tiempo después, mi madre logró rehacer su vida con la persona que nos crio. Sentía mucha confusión, rebeldía y culpa. Este hombre, llamado José, decidió mudarse con mi madre y formar una familia juntos. Mi vida no era normal. Era muy difícil hacer amistades y confiar en los demás. En la escuela me burlaban por ser tímida y no tener confianza en mí misma. No me gustaba comer en la cafetería escolar porque no quería estar cerca de la gente. Me sentía inferior. Casi no hablaba, no comía, no me gustaba mirarme en el espejo. Durante el recreo, me escondía debajo de la silla en el salón de clases. Era muy delgada, entre muchas otras cosas.

Lloraba frecuentemente en la escuela cada vez que recordaba lo ocurrido con mi papá. No podía evitar sentir odio, pero a la vez sentía amor por mi padre. Sí, es algo extraño y difícil de entender o explicar, pero las víctimas de abuso sexual usualmente desarrollamos una codependencia o afecto por la persona que causó el abuso. Aquí es donde entra el poder de Dios para quebrantar yugos y romper maldiciones y ataduras generacionales. Recuerdo la falta que por muchos años me hacia mi papá, por no tenerlo cerca y porque no venía a mis actividades escolares.

Mi relación con Dios fue creciendo, o, mejor dicho, fui aprendiendo más y más de la palabra de Dios y de su gran amor hacia la humanidad. Hice muy buenas amistades en la iglesia. En la escuela bíblica pude empezar a hablar libremente, a participar en los cultos de niños, a jugar y compartir con otros niños, lo cual también me ayudó a desarrollarme mejor académicamente. A la edad de nueve años, mis calificaciones habían dado un giro radical: tenía todas A y participaba en competencias a nivel de distrito con otras escuelas. Gané trofeos, medallas, reconocimientos y formaba parte de varios grupos en la escuela. Mi grupo de amigos creció y ya no era tan tímida como antes.

Pasó el tiempo y mi padre empezó a visitarnos en nuestro apartamento, en la zona residencial donde vivíamos. Constantemente insistía en regresar con nosotros, pero mi mamá ya estaba casada con José. Sentía mucho la falta de afecto, protección y amor paterno. Mis hermanos extrañaban a mi padre y, de cierta manera, yo también, lo cual llevó a que mi mamá permitiera que tuviéramos contacto con él de nuevo. Aunque en lo social mi vida mejoró y era más fácil relacionarme con otras personas, mientras pasaban los años, entendía más la gravedad de lo que había ocurrido durante mi infancia.

Poco a poco, mi padre fue ganándose la confianza de mi madre, mi padrastro y mis hermanos. Él nos veía una vez al mes, pero solo por varias horas. Parecía que todo estaba bien, así que un día llegaron a un acuerdo: le permitieron llevarnos un sábado al mes. Mi padre vivía con mi abuela paterna. Usualmente pasamos ratos agradables con la familia, aunque en varias ocasiones mi papá se aprovechó de que yo estaba a solas para tener acercamientos inapropiados, tales como besarme, taparme la boca y tocar mis partes mientras se masturbaba. Estoy segura de que la razón por la cual no logró penetrarme de nuevo fue porque estábamos en casa de mi abuela, la cual era visitada constantemente por familiares y amigos. Alrededor de los diez u once años, mi padre se casó con una mujer muy buena llamada Amy. Tenía dos hijas y dos hijos, y nos trataba con mucho amor y respeto. Mi madre decidió darle más confianza y la oportunidad de que compartiéramos tiempo juntos nuevamente, tanto con él como con su esposa, por lo que cada fin de semana íbamos a dormir a su casa. Todo iba bien durante algunos meses, hasta que un día mis hermanos se fueron a jugar afuera de la casa. Su esposa me pidió que me lavara el pelo, ya que todos íbamos a salir juntos. Mientras me estaba bañando, ella salió a la tienda y me quedé a solas con mi padre. Estaba en la bañera cuando él entró y abrió la cortina. En ese momento, grité y pedí ayuda. Él me dijo que lo perdonara, que no sabía que estaba bañándome. El día continuó.

Salimos en familia y regresamos tarde en la noche. Todos nos acostamos a dormir, pero el entró a mi cuarto. Trató de besarme y de quitarse la ropa. Grité pidiendo ayuda, pero me tapó la boca y sacó una pistola de la primera gaveta de la mesita de noche, que estaba junto a la cama donde yo dormía. Puso la pistola en su cabeza y amenazaba con matarse. Lloré. Su esposa se levantó a ver si todo estaba bien, y mi papá le dijo que yo solo lloraba porque me quería ir a casa de mi madre. Por miedo a él dije que sí, que solo lloraba porque me hacía falta mi mamá. Era muy temprano en la madrugada, pero decidieron llevarme de regreso con mi madre.

Mis hermanos no entendían lo que había sucedido. Pensaban que yo lloraba porque quería regresar a casa. Por supuesto, estaban muy enfadados conmigo, ya que por mi culpa teníamos que regresar y ellos querían quedarse con mi papá. Al llegar a casa, mi mamá preguntó y le explicaron la supuesta razón por la cual me habían devuelto. Todos estaban muy molestos conmigo. Al día siguiente, le conté a mi madre lo que realmente había ocurrido. Ella me respondió que tenía que perdonar y que la Biblia dice que debemos honrar a nuestro padre y madre. Sinceramente, no entendía por qué me hablaba de ese versículo cuando lo que realmente necesitaba era su ayuda.

Meses después, supimos que su esposa lo había abandonado. Al dejarlo, él volvió pidiendo perdón. Mi mamá y mi padrastro me hablaban mucho sobre el perdón y honrar a los padres, así que nuevamente lo perdoné. Él nos visitaba en nuestra casa, como al principio, hasta que poco a poco se fue ganando una vez más la confianza de todos nosotros.

Pasó el tiempo y comenzó a convivir con otra mujer llamada Julie, quien tenía cinco hijas. Nuevamente volví a pasar dos fines de semana al mes con él y su mujer. Me gustaba jugar con las niñas de Julie, ya que yo era la única mujer en mi casa y no solía tener muchas amigas. En ese hogar siempre había un ambiente de fiesta, bebidas alcohólicas y drogas. En ocasiones, mi papá nos daba alcohol para beber.

Recuerdo que un fin de semana él se quedó cuidando a mis hermanos, a dos de las hijas de su pareja y a mí, mientras Julie salía de compras. Mis hermanos se fueron a jugar afuera del apartamento con sus amigos. Él nos mandó a mí y a las dos hijas de su esposa a bañarnos juntas. Salimos del baño y entramos al cuarto a peinarnos y prepararnos.

De repente mi papá entró al cuarto, nos haló del brazo una a una y comenzó a tocarnos. Nos sentó a las tres en la cama, una al lado de la otra, y nos obligó a ser partícipes de actos sexuales entre nosotras, mientras él nos tocaba y se masturbaba. Estaba todo oscuro y llorábamos de miedo. Asustadas, nos acostamos a dormir después de que él termino. Esto se repitió en varias ocasiones.

Como consecuencia de esto, me llené de confusión y tuve actos sexuales con estas jóvenes. Por un tiempo albergué dudas sobre mi orientación sexual: no estaba segura de sí me gustaban las mujeres, los hombres o ambos. No volví a comentarle nada a mi mamá ni a nadie, porque estaba acostumbrada a que él saliera impune y nadie hiciera nada al respecto. A veces, incluso sentía que era normal que un padre hiciera esas cosas y que yo era la que estaba mal. A medida que crecía, me sentía más sucia, más culpable, y mis luchas espirituales eran cada vez más intensas. Empecé a tener enfrentamientos con demonios que visitaban mi habitación. En esos momentos, oraba más y le pedía ayuda a Dios para salir de tanto dolor.

Un día, mi papá vino a buscarnos, ya que nos tocaba pasar el fin de semana con él, pero a último momento decidí no ir y me quedé en casa con mi mamá. No volví a ir más con mi papá y su esposa. Solo los veía cuando venían a visitar a mis hermanos en nuestra iglesia y cuando los buscaban en casa. No me atreví a hablar con nadie porque, de todos modos, nadie hacía nada al respecto. Me sentía muy sola y desprotegida, hasta que llegué a mi juventud y pensé que las cosas cambiarían si comenzaba una vida consagrada a Dios.

Mas all de Mis Heridas

CONOCIENDO A

MI PRIMER AMOR

**PORQUE TÚ, OH SEÑOR JEHOVÁ, ERES
MI ESPERANZA, SEGURIDAD MÍA
DESDE MI JUVENTUD.
SALMOS 71:5**

Vivir para Dios es la experiencia más hermosa que he tenido en mi vida. A la edad de doce años, entregué mi vida a Jesucristo. Tal vez se pregunten a qué me refiero. Sí, al principio de este libro mencioné que mis padres eran cristianos, o, mejor dicho, asistían a una iglesia. Ahora puedo entender con claridad que ser cristiano va más allá de asistir o tomar parte en una iglesia. Ser cristiano es nacer de nuevo o ser regenerado. Simplemente significa nacer de Dios con la vida de Dios.

En 1 Pedro 1:3 dice: "Bendito sea el Dios y Padre de nuestro Señor Jesucristo, quien según su gran misericordia nos ha hecho nacer de nuevo para una esperanza viva, mediante la resurrección de Jesucristo de entre los muertos". Es evidente que mis padres no habían nacido de nuevo. Creo que veían la iglesia no como un hospital para sanar, sino más bien como un escondite.

Un día entendí más profundamente las maravillas de Dios y comprendí que sin él no podría hacerlo, que solo él tenía el poder para sanar mis heridas y guiar mis pasos. Fue cuando entendí que para que Dios tomara el control y me ayudara, debía abrirle mi corazón y aceptarlo como mi Señor y Salvador.

Al entregar mi vida a Jesucristo, cosas maravillosas ocurrieron. Me regocijaba en su presencia y disfrutaba estar con los jóvenes en campañas, ayunos, retiros y evangelización. Disfrutaba hablar a los demás, especialmente en los puntos de drogas, sobre el amor de Dios. Me encantaba repartir tratados y orar por los necesitados. Así muchos jóvenes y adultos llegaban a la iglesia, y para mí era un gran gozo. Estar en la presencia de Dios era mi lugar de refugio, donde sentía seguridad, gozo y paz.

Anhelaba llenarme del Espíritu Santo y ser bautizada en aguas, como dice la Biblia en Hechos 2:38. Estaba tomando clases de bautismo. Un viernes, el grupo de jóvenes nos fuimos a una campaña de jóvenes en Loíza, Puerto Rico, al aire libre. Durante la predicación, anhelaba una experiencia sobrenatural con el Espíritu

Santo, pero mi mente todavía estaba atada a la culpabilidad del pasado. Podía ver a todos los jóvenes pasando al frente, pero algo me recordó mi pasado. Tuve esa batalla por un buen rato. Una amiga, Jenny, me dijo que pasara con ella, y entonces tuve la fortaleza de ir adelante. Cuando fui al frente, la presencia del Espíritu Santo fue algo muy hermoso. No podía parar de llorar. La esposa del predicador se acercó a mí, puso su mano en mi pecho, sobre mi corazón, y me dijo de parte de Dios que lo alabara, que él sanaría todas mis heridas, pero que quería mi alabanza.

Comencé a adorarlo y le di libertad a mi espíritu. Mi cuerpo comenzó a temblar y mis lenguas se enredaron. Nunca había sentido algo así y por un momento me asusté, pero ella me dijo que lo adorara más alto, que eso era el Espíritu Santo. Lo hice y en ese momento salieron unas lenguas que no conocía. Nunca me había sentido más cerca de Dios como en ese instante. Esa noche no solo fui bautizada en aguas, sino que fui llenada del Espíritu Santo y recibí el don de hablar en lenguas. El Espíritu Santo me quebrantó y me liberó de cadenas invisibles. Fue la experiencia más hermosa que he tenido en mi vida, cuando empecé a conocer a los tres grandes: el Padre, el Hijo y el Espíritu Santo.

Al tener al Consolador en mi vida, el Espíritu Santo, ya no solo podía ver a los demonios, sino que también Dios había depositado en mí autoridad y me había entregado armas poderosas para luchar en la guerra espiritual ("Mirad, os he dado autoridad para pisotear serpientes y escorpiones, y sobre todo el poder del enemigo, y nada os dañará", Lucas 10:19). Al recibir esa autoridad, los demonios dejaron de intimidarme y, al mencionar el nombre de Jesús, huían de los cuerpos y lugares. Martha era una joven de mi iglesia con una enfermedad mortal. Mis amigas notaron que llevaba mucho tiempo sin asistir a la iglesia y comenzamos a preocuparnos por ella. Su madre nos ofreció realizar un culto en su casa, ya que ella no quería ir a la iglesia. Nos preparamos y fuimos. Martha no quería salir de su cuarto, pero las jóvenes y yo empezamos a adorar a Dios con su madre hasta que ella salió de su cuarto y nos acompañó en el servicio.

Durante la alabanza, pude observar a los demonios que la poseían. Sus ojos comenzaron a revolverse y su risa era burlona. Puse una mano en su cabeza y otra en su estómago, y oré por ella. Al colocar mi mano en su estómago, este comenzó a temblar y los demonios salieron por su boca. Vi cómo los demonios salían por la ventana de la sala, pero uno de ellos, antes de irse, se volteó hacia mí y me agarró la pierna con fuerza. Continué orando y reprendiéndolo hasta que se fue. Un par de meses después, Martha falleció, pero ella fue liberada esa tarde y su casa también lo fue.

Comencé a adorarlo y le di libertad a mi espíritu. Mi cuerpo comenzó a temblar y mis lenguas se enredaron.

Nunca había sentido algo así y por un momento me asusté, pero ella me dijo que lo adorara más alto, que eso era el Espíritu Santo. Lo hice y en ese momento salieron unas lenguas que no conocía. Nunca me había sentido más cerca de Dios como en ese instante. Esa noche no solo fui bautizada en aguas, sino que fui llenada del Espíritu Santo y recibí el don de hablar en lenguas. El Espíritu Santo me quebrantó y me liberó de cadenas invisibles. Fue la experiencia más hermosa que he tenido en mi vida, cuando comencé a conocer a los tres grandes: el Padre, el Hijo y el Espíritu Santo.

Teniendo al Consolador en mi vida, el Espíritu Santo, ya no solo podía ver a los demonios, sino que también Dios había depositado en mí autoridad y me había entregado armas poderosas para luchar en la guerra espiritual ("He aquí, os he dado autoridad para pisotear serpientes y escorpiones, y sobre todo el poder del enemigo, y nada os dañará", Lucas 10:19). Al recibir esa autoridad, los demonios ya no me intimidaban, sino que, al mencionar el nombre de Jesús, salían huyendo de los cuerpos y los lugares. Martha era una joven de mi iglesia con una enfermedad mortal. Mis amigas notaron que llevaba mucho tiempo sin asistir a la iglesia y comenzamos a preocuparnos por ella. Su mamá nos ofreció hacer un culto en su casa, ya que ella no quería ir a la iglesia. Nos preparamos y fuimos. Martha no quería salir de su cuarto, pero las jóvenes y yo comenzamos a adorar a

Dios con su mamá hasta que ella salió de su cuarto y nos acompañó en el servicio.

Durante la alabanza pude observar los demonios que la poseían. Sus ojos se voltearon y su risa era burlona. Puse mi mano en su cabeza y otra en su estómago y oré por ella. Al poner mi mano en su estómago, este comenzó a temblar y los demonios salieron por su boca. Vi cómo los demonios salían por la ventana de la sala, pero uno, antes de irse, se volteó hacia mí y me agarró de la pierna con fuerza. Seguí orando y reprendiéndolo hasta que se fue. Un par de meses después, Martha murió, pero ella quedó libre esa tarde y su casa también.

Mi madre tenía un sueño constante en el que muchos demonios salían de la tumba de Martha y decían que iban a regresar a buscarme, en venganza, ya que Dios, con su poder, me había utilizado como instrumento para la liberación de esta joven. No tenía miedo porque reconocía que era una guerra espiritual y que Dios cuidaba de mí. Por primera vez pude quedarme en un campamento de jóvenes. En años anteriores intentaba quedarme, pero no pasaba de la primera noche: me tenían que llevar de vuelta a casa porque tenía miedo al recordar cosas de mi infancia. En este campamento, los cultos duraban hasta las doce de la mañana, pero disfrutábamos cada parte.

Conocí a muchos jóvenes de todas partes de Puerto Rico e hice muchas amistades, algo que antes me resultaba muy difícil. La gente comenzó a llamarme Hermana Fueguito, ya que le daba total libertad al Espíritu Santo. Las noches después del culto eran hermosas: nos sentábamos bajo las estrellas y todos juntos adorábamos a Dios.

Mientras evangelizaba en los puntos de drogas junto al grupo de jóvenes de la iglesia a la que asistía, tuve la oportunidad de orar por muchos jóvenes, muchas madres jóvenes, adictos a las drogas, etc. Conocí a un joven al que llamaban John. Él vivía en la zona residencial Jardines de Selle, Villa Prades, Puerto Rico. Durante varios meses oramos por él y lo invitamos a la iglesia, pero solo aceptaba la oración y nos decía que no podía ir a la iglesia porque trabajaba en el punto de drogas de ese lugar.

Un sábado, de manera inesperada, no evangelizamos. Solo fuimos de paseo a casa de los pastores para pasar un rato con el hijo del pastor, ya que éramos muy buenos amigos. Este joven nos llamó desde el balcón de su casa y nos dijo: "Oren por mí. Siento que algo malo me va a pasar". Nosotros oramos por él y lo invitamos nuevamente. Esta vez aceptó y nos dijo que vendría con nosotros a la iglesia al día siguiente, que era domingo. Era Semana Santa. Ese domingo celebraríamos la Resurrección de Jesús y los jóvenes presentaríamos un drama. Fue una gran alegría ver a John llegar a la iglesia. Dios se movió de manera especial durante el servicio. Al finalizar la predicación, se hizo el llamado a las personas que quisieran reconciliarse y aceptar a Jesús como su Salvador. John pasó al frente muy conmovido y aceptó a Jesucristo como su Señor y Salvador. Entre lágrimas se arrepintió de sus pecados y recibió una gran bendición de parte de Dios.

Al finalizar el servicio, todos los jóvenes nos fuimos a comer. Había sido un culto glorioso. John estaba feliz y nos decía que se sentía en paz, una paz que nunca antes había experimentado. Continuó asistiendo a la iglesia durante un buen tiempo. Un mes después aproximadamente, se escucharon disparos cerca de donde vivía. Al día siguiente, el hijo del pastor nos dio la triste noticia: lo habían matado. Aunque fue una noticia lamentable, en el fondo había paz, pues sabíamos que él había entregado su vida a Dios poco antes de morir. Vivir para Dios y trabajar para el Reino es lo más hermoso que un ser humano puede experimentar, ya que hemos sido creados para servir y glorificar su nombre, no por beneficio propio, sino porque Él es nuestro Creador. Aunque en ese momento no lo comprendía, al solo servir a Dios y ayudar a los demás, me estaba liberando de mi dolor.

FLOR MARCHITA

**MUCHAS SON LAS AFLICCIONES DEL JUSTO,
PERO DE TODAS ELLAS LE LIBRARÁ JEHOVÁ.
SALMOS 34:19**

Al descuidarme, comencé a tener amistades que no eran cristianas, y en vez de llevarles luz, dejé que ellos empezaran a apagar la luz en mí. Inicié la escuela intermedia en Trujillo Alto, Puerto Rico, y poco tiempo después conocí a José, un joven que tenía unos tres años más que yo. Lo conocí en la iglesia, en una actividad de jóvenes a la que asistí. Como iba a la iglesia con su mamá, pensaba que estaba bien tener una amistad especial con él. Fuimos conociéndonos y con el tiempo me di cuenta de que no estaba tomando buenos caminos. Aun así, mantuve comunicación con él. De esta manera fui dejando espacio para pequeñas cosas que me alejaban más y más de Dios y de su propósito en mí.

En la escuela tomé malas decisiones. En el momento parecían cosas inocentes, que hacíamos por diversión (como faltar a clases, copiarme en los exámenes, no entregar las tareas), lo que provocó que mis buenas calificaciones fueran bajando lentamente. Mi conducta cambió y tuve una doble vida sin darme cuenta. Iba a la iglesia, como acostumbraba, pero no tenía una relación íntima con Dios, y las consecuencias fueron graves. En la escuela conocí a otro joven llamado Alfredo. Él estaba en su primer año de la escuela superior. Nuestra amistad se desarrolló en un grupo de amigos. Todos los días nos encontrábamos para almorzar juntos. En ocasiones hacía comentarios agradables que daban a entender que quería algo más que una amistad conmigo.

Muchos me decían que él era bisexual. Tenía una novia llamada María, pero casi no se veían porque ella vivía a dos horas de distancia. Una amiga que teníamos en común, a la cual llamaban Chachi, me advirtió que Alfredo sostenía una relación secreta con un hombre llamado Edgardo. Aunque había cosas que me hacían pensar que era cierto, le había tomado tanto cariño que no quise aceptarlo.

Pasaron los meses y el año escolar estaba terminando. Él planeó una fiesta de despedida, ya que se mudaba con su familia a otro pueblo de Puerto Rico. A esa fiesta iría un grupo bastante grande, y yo conocía a la mayoría. Alfredo había dicho que sería en casa de la abuela de él, en el barrio La Gloria, de Trujillo Alto. La fiesta se llevaría a cabo el último día de clases del mes de mayo, alrededor de 1998. Ese día faltaríamos a clases y a las once de la mañana comenzaría la fiesta de despedida.

Llegó el día y hubo muchos problemas para llegar a la escuela: mi mamá, por ejemplo, no quería que mis hermanos y yo fuéramos a la escuela, pero desobedecí y me fui. Al salir, el autobús escolar me había dejado, por lo que llegué a la escuela caminando (con el tiempo entendí que Dios quería evitarme una tragedia más en mi vida. Por eso, la desobediencia trae consecuencias que causan mucho dolor). Llegué a la escuela y nos encontramos en una plaza. Ahí nos sentamos a esperar a que todos llegaran. Mientras esperábamos, Alfredo se ofreció a comprarme un helado y una empanadilla de pizza. Mi amiga Chachi me dijo que no los tomara, que esperara a más tarde, ya que habría almuerzo en la fiesta. Noté algo extraño, ya que Alfredo, al comprar el helado, entró a la casa de un señor que vivía cerca de la plaza y se tardó un poco en salir. Este señor tenía mala fama, pues se decía que vendía drogas, pero decidí pasarlo por alto.

Yo no le hice caso a Chachi y me comí lo que Alfredo me había comprado. En ese momento, mi amiga, muy molesta y preocupada, me dijo que fuéramos a su casa porque sentía que algo malo iba a suceder. Estuve a punto de irme con ella, pero Alfredo me convenció de ir a su fiesta argumentando que Chachi y yo seguiríamos en la misma escuela, mientras que él se mudaría lejos, que aquella sería la última vez que compartiríamos juntos. Chachi se mostró muy molesta cuando decidí quedarme, y se fue a su casa.

Quedamos un grupo de doce personas, entre hombres y mujeres. Caminamos hacia la parada pública de autobuses, donde tomamos uno que nos dejaría en el barrio La Gloria. Pasaron varios minutos cuando empecé a sudar y a sentirme mareada. Todo daba vueltas a mi alrededor. Algunas personas me preguntaron si estaba bien, pero apenas podía hablar. Recuerdo escuchar a Alfredo pidiéndole al conductor que detuviera el autobús para bajarse y diciéndole al grupo que siguiera a la fiesta en su casa, que él se detendría a comprarme algo, ya que no me sentía bien.

Bajamos del autobús Alfredo y yo, y otro chico. Al empezar a caminar, mis piernas se debilitaban y me sentía aún más mareada. Aunque recuerdo muy poco, puedo recordar que Alfredo me guio hacia un monte donde había casas abandonadas. Me dijo que no tuviera miedo, que solo atajaríamos por ese lugar para llegar más rápido.

Segundos después caí al suelo, sin fuerzas. Mi corazón latía acelerado y estaba empapada en sudor. Poco a poco fui perdiendo la conciencia. Escuchaba voces a lo lejos y sentía cómo Alfredo y la otra persona me arrastraban hacia una de las casas abandonadas. Ahí perdí completamente la conciencia. Tiempo después escuché muchas voces de hombres. Ellos se reían, pero no podía entender qué decían, ya que estaba inconsciente. Sentí que me golpearon y un dolor vaginal muy intenso. Intenté moverme, pero Alfredo colocó algo en mi cara, como una pequeña toalla, e hizo presión en mi nariz. Tenía un olor fuerte, como si le hubieran añadido algo para dormirme nuevamente.

Pasaron las horas y el efecto de lo que me habían dado poco a poco se estaba yendo de mi sistema. Aunque estaba muy débil, podía abrir mis ojos y escuchar con más claridad. Escuché a Alfredo hablar con un hombre que solo estaba parado, mirando todo y burlándose de él. Le decía: «Ves que eres homosexual, que no puedes estar con una mujer». Alfredo se defendía diciendo que era porque había mucha gente y no le gustaba que yo estuviera dormida. Veía como algunos se subían sus pantalones, mientras limpiaban el área y discutían qué harían conmigo, si me dejaban ahí o me llevaban de regreso a la escuela. Edgardo caminó hacia mí mientras le decía a Alfredo: «Te voy a ensenar como se hace esto». Recuerdo que salían lágrimas de mis ojos, pero tenía miedo gritar y pedir ayuda, ya que eran muchos. Tenía miedo que me golpearan o mataran. El procedió a violarme. Era mucho el dolor que sentía. Estaba llena de temor y vomitaba mucho. Mi cuerpo temblaba hasta que decidí llamar a Alfredo. Él se acercó y me limpió un poco la cara. Le pregunté por qué me había hecho aquello y me dijo que había sido una apuesta. También me confesó que a él le gustaban los hombres, y todos se fueron.

El dolor era tan intenso que me dejó completamente debilitada, y me quedé dormida. Al despertar, logré levantarme del suelo. Me sentía mareada y confundida mientras buscaba mi ropa y me vestía. Sin saber dónde estaba, comencé a caminar, sacudiendo la tierra y la hierba que llevaba en mi cuerpo, ya que había estado en el suelo de ese lugar abandonado por mucho tiempo. Me sentía sucia y no sabía cómo regresar a casa. Me senté en una piedra y lloré, mientras oraba. El dolor, la rabia y la vergüenza eran tan abrumadores que le pregunté a Dios por qué permitió que eso sucediera si me amaba. En ese momento, una voz me dijo: «Ves que eres solo un objeto sexual. Nadie te va a creer nada de lo que pasó. Y si lo cuentas, hasta tu familia sentirá asco de ti». Esa misma voz me dijo que me quitara la vida.

Seguí caminando muy despacio, ya que el dolor era intenso, hasta que encontré un pequeño pozo de agua donde pude tomar un poco y limpiar la sangre que tenía en mi cuerpo. Después, continué caminando, dejándome guiar por el sonido de los coches. Finalmente, llegué a la carretera. Ya era de noche. Un coche se detuvo. Había visto al conductor antes, pero no lo conocía bien. Me ofreció ayuda y llevarme hasta mi casa, pero llena de miedo y desconfianza, ya que pensaba que podría ser alguien del grupo que me había hecho daño, no acepté su ayuda. Se fue, pero poco después regresó. Me dijo: "Algo no me permite dejarte así. Por favor, déjame ayudarte". En ese momento, acepté su ayuda y me llevó a casa.

A eso de las diez de la noche, mi hermano mayor se acercó a mi habitación y me informó que Alfredo estaba afuera de la casa en un automóvil, preguntando por mí. Quería que saliera a hablar con él. Me acerqué al automóvil y Alfredo estaba sentado en el asiento del pasajero. En el asiento del conductor había un hombre vestido de mujer, a quien me presentó como Francesca, su pareja homosexual. Me amenazaron con hacerle daño a mi hermano mayor si hablaba. Alfredo me dio instrucciones para escribir una carta a mi madre, diciendo que me iría a vivir con él, ya que supuestamente estaba embarazada. Así se aseguraba que mis padres no presentaran cargos contra el por abuso sexual. Yo me negué a hacerlo y le dije que contaría toda la verdad, que no volviera a buscarme. Él se molestó mucho.

Entonces, Francesca abrió la guantera del carro, sacó una pistola y me dijo: "Si quieres a tu familia, obedece todo lo que te ordenemos". Alfredo me agarró por la cintura, se acercó y me mordió en uno de los senos. Su mordida fue tan fuerte que, cuando intenté escapar, provocó que se desgarrara la mitad del pezón, dejándome sangrando y con un intenso dolor. Ellos arrancaron el carro rápidamente, casi arrastrándome.

Quedé aterrorizada, por lo cual decidí no contar lo que me habían hecho. Más bien hice lo que me dijeron: escribí la carta mintiéndole a mi mamá sobre los hechos, y haciéndole creer que había estado sexualmente con Alfredo por voluntad propia. Dejé la carta en un lugar donde mi mamá la pudo encontrar. Al leerla se molestó mucho, habló con mi padrastro y decidieron enviarme a vivir con mi abuela a los Estados Unidos, en Lawrence, Massachusetts. Un día Alfredo llamó por teléfono a la casa y mi padrastro contestó. Al darse cuenta de que era Alfredo, amenazó con meterlo preso, por lo cual Alfredo no me volvió a buscar ni a llamar más. Un familiar me trató con mucho desprecio y humillaciones, lo que hacía que mi dolor y rebeldía crecieran aún más.

Finalmente, llegó el día de irme a vivir con mi abuela. Fui a la iglesia por última vez el viernes, ya que al día siguiente me mudaría. Durante todo el servicio, no pude dejar de llorar. Todos en la iglesia asumían que estaba triste por irme lejos de mis seres queridos. Solo Dios conocía la verdadera causa de mi dolor. Al finalizar el servicio, me acerqué al frente para que oraran por mí y derramé mi corazón en el altar. Me despedí de todos los jóvenes sin saber cuándo los volvería a ver.

PERDIDA

EN EL DOLOR

Y ME HA DICHO: BÁSTATE MI GRACIA; PORQUE MI PODER SE PERFECCIONA EN LA DEBILIDAD. POR TANTO, DE BUENA GANA ME GLORIARÉ MÁS BIEN EN MIS DEBILIDADES, PARA QUE REPOSE SOBRE MÍ EL PODER DE CRISTO."
2 CORINTIOS 12:9

Mi sueño siempre había sido vivir con mi abuela materna, ya que siempre encontraba protección en ella. Cada vez que ella viajaba a Puerto Rico para vernos en vacaciones, mi papá no abusaba de mí durante ese tiempo. Tenía sentimientos encontrados sobre mi abuela y mis tías al mudarme de Puerto Rico a Massachusetts. Por un lado, me sentía feliz porque me gustaba estar con ellas, pero, por otro lado, también sentía mucha tristeza por lo que había vivido y por tener que alejarme de mi madre y mis hermanos.

Las primeras semanas estuvieron llenas de risas, ya que pasaba un rato muy agradable con mis familiares. Salíamos a pasear con frecuencia y hacíamos muchas cosas divertidas. Pero por las noches, al estar sola en mi habitación, era inevitable recordar todo lo que había ocurrido desde mi infancia. Sentía que mi vida era un error, que nunca debí haber nacido y que Dios no me amaba.

Todas las noches tenía pesadillas, acompañadas de recuerdos muy dolorosos. Peleaba en sueños para protegerme del daño que me habían hecho. Me despertaba asustada, temblando de miedo, gritando, sudada y pidiendo ayuda. Mi abuela siempre venía a mi habitación para ver qué me sucedía y me abrazaba hasta que me calmaba. Un día, le conté a mi abuela lo que realmente había sucedido con Alfredo. Ella me consoló y me dijo que tenía que hablarlo con mi mamá y otros familiares cercanos, que debía contarles toda la verdad de lo que había ocurrido con Alfredo. Al hablarlo, algunos no me creyeron y pensaron que inventaba esa historia para quedar bien. Sin embargo, la mayoría buscó la manera de ayudarme a olvidar y sanar.

Cada vez eran más y más intensos el dolor, la frustración, la depresión y el sentimiento de culpabilidad. Así pasaban los días y yo me seguía hundiendo en un profundo dolor. Sentí deseos de no ir más a la iglesia y de quitarme la vida. Pasaron los meses y comencé la escuela, en 8.o grado. Poco a poco me fui poniendo extremadamente rebelde. Entonces el dolor se había convertido en unos deseos insaciables de venganza. Perdí el interés en hacer cosas positivas: solo quería ir a fiestas, etc. Al pasar el tiempo, comencé a tomar alcohol.

En ocasiones cortaba clases y me escapaba para irme con mis amigas. Fue de esta manera como conocí a muchas personas que, en su mayoría, eran hombres. Fumé cigarrillos y deseé experimentar cosas nuevas y cada vez más riesgosas. Sentía deseos de venganza y mucho odio, por lo que coqueteaba con todos los hombres que se acercaban a mí y jugaba con sus sentimientos. No tenía respeto por ellos. Durante el transcurso de ese año escolar muchas cosas me ocurrieron. Además de tomar alcohol, me drogué: primero con mariguana y luego con cocaína, etc. Cada día me encontraba más atada. Trataba de esconder mi realidad, pero en verdad solo me hundía más y más.

Muy frecuentemente escuchaba a los demonios llamarme por mi nombre y decirme que me matara, que esa era la única manera de acabar con todo. Veía a los demonios entrar a mi habitación y burlarse de mí. En ocasiones hasta sentía que me tocaban. Por mi falta de conocimiento, pensaba me estaba volviendo loca. Fueron tantos los ataques que me encerraba en el baño. Veía mi rostro en el espejo, pero lo veía sucio y escuchaba que me decían que no valida nada. En ese tiempo me corté las manos y la cara con una cuchilla. Experimentaba una gran necesidad de hacerme daño, ya que me sentía culpable de todo lo que me había pasado.

Al ir a la escuela, mis compañeros —viéndome la cara marcada— se burlaban de mí y me preguntaban si peleaba con gatos. Estas cosas me ponían aún más rebelde y mi condición empeoraba con el pasar del tiempo. En la escuela tenía peleas sin razón alguna, solo porque estaba llena de odio. Un día me levanté sintiéndome completamente vacía, desesperada y sin deseos de vivir. Decidí acabar con mi vida tomando un frasco de pastillas. Me llevaron al médico. Ahí estuve en un cuarto, con guardias de seguridad en la puerta vigilándome, hasta que me dieron de alta y me refirieron a un siquiatra.

Al regresar a la escuela, después de varios días ausente, la consejera me inició en la consejería, pero en mí no había deseos de nada: estaba cansada de vivir y de tanto dolor. Me fui hundiendo más en las drogas y en todo tipo de vicios. Cada vez me enredaba más en los placeres del mundo. Estaba confundida sobre mi preferencia sexual y sentía que no había esperanza, que mi vida estaba destinada al fracaso y al dolor.

Recuerdo con claridad que una noche estaba en mi habitación sola, llorando y preguntándole a Dios por qué él no me amaba, porqué permitía tantas cosas dolorosas en mi vida. Entonces mi cuarto se llenó de una presencia maligna muy fuerte. Un ser extraño comenzó a dialogar conmigo y a planear como podía quitarme la vida.

Esa noche tomé la decisión de suicidarme, al domingo siguiente, tirándome de un puente en la ciudad de Lawrence. Aprovecharía cuando mi abuela fuera a la iglesia. Durante ese tiempo, iría al lugar y me tiraría del puente. De esa manera acabaría con mi vida. Los días pasaron, llegó el domingo y estaba decidida completar lo planeado: terminar con todo, según yo. Ese día pasaron cosas inusuales. Al sentarme en la mesa a desayunar con mi abuela, ella habló conmigo y me dijo cuanto me amaba, que ella quería verme bien feliz. Me pidió que la acompañara a la iglesia ese día, junto a mi tía, su esposo y mi prima, que era pequeña en ese tiempo.

Yo no quería ir, ya que tenía planeado acabar con mi vida ese día, pero decidí acompañarlos, pues sabía que sería la última vez que estaría con ellos. En mis planes estaba ir a la iglesia y salir antes de que el servicio terminara. Esa mañana, antes de partir a la iglesia, ya había dejado una carta dirigida a mi familia explicando las razones de mi decisión y despidiéndome de ellos. En la iglesia yo me encontraba muy ansiosa, mirando la hora para irme, pero algo extraño sucedió en mí. Mientras estaba en el culto, mi corazón palpitaba rápido, como nunca antes. Tenía deseos de llorar y rendirme y ser libre, pero era una lucha contra demonios que me perseguían a donde quiera que yo fuera. Me decían: «No llores. Lo que sientes no es real. Fue Dios quien permitió todo tu sufrir. Debes matarte para vengarte de todos y que sean ellos ahora los que sufran».

En el transcurso del culto, intenté levantarme varias veces para irme, pero algo me detenía con fuerza. Era como chocar contra una pared invisible que no me permitía salir. Ese día, había una invitada especial (Elizabeth), una joven llena del poder y la autoridad de Dios. Predicaba y apenas podía escucharla debido a que los demonios perturbaban mi mente y solo los escuchaba a ellos. Recuerdo que ella comenzó a reprender y logré escuchar parte de la predicación.

En ese momento, una voz me dijo: "Vete ahora". Me levanté y caminé hacia la salida de la iglesia. Elizabeth dijo con autoridad: "No te vayas". Al girarme, la vi señalándome con el dedo, pero seguí caminando hacia la salida. Ella, con aún más autoridad, me dijo: "Joven, no te vayas. Dios te está llamando". En ese instante, regresé a mi asiento y pensé en esperar a que la predicadora orara para poder irme sin que ella se diera cuenta. Cuando hizo el llamado a orar, me levanté para irme, pero ella me llamó por mi nombre y me dijo: "Heidy, pasa al frente, tengo un mensaje para ti". Oró por mí y lloró junto a mí. Sentí que finalmente alguien me entendía.

Ella puso su mano sobre mi corazón y me dijo: "Has sufrido mucho, has llorado mucho. Entiendo tu dolor y estoy aquí contigo. Voy a sanarte. Aunque tenías planeado acabar con tu vida hoy, yo soy tu Dios, quien te ama. Hoy te levanto y te doy vida. Permíteme entrar en tu corazón. Te has sentido sola, pero siempre he estado ahí. Tú me has dado la espalda, pero te amo. Eres mi niña, Heidy. Abre tu corazón y permíteme restaurarte", y luego, ella me abrazó fuertemente. Sentí un poco de alivio y decidí no acabar con mi vida ese día. Por la tarde, al llegar a casa, rompí la carta que había escrito y compartido con mi familia. Sin embargo, había partes dentro de mí que no quería que nadie tocara, ni siquiera Dios. No quería perdonar a mi padre y mucho menos confrontarlo para hacerle saber el daño tan grande que me había causado. Tampoco quería abandonar al grupo de amigos con los que me drogaba. De esta manera, no podía ser completamente libre porque me aferraba a la venganza y al odio hacia Alfredo y mi padre.

En aquel tiempo de adolescente, entre amistades hablábamos de muchachos y de sexualidad. Ellas contaban sus experiencias y expectativas sobre su primera vez. Yo no hablaba mucho del tema y trataba de mantenerme tranquila. Por dentro lloraba y me preguntaba: «¿Qué digo? ¿Cuál fue mi primera vez? ¿Fue con mi papá o con Alfredo?», y eso me producida una gran vergüenza, a la vez que sentía asco de mí misma. Yo aparentaba entre risas, pero por dentro y en mi habitación, lloraba. No entendía por qué a mí me habían sucedido esas cosas, y eso me hacía odiarme: odiaba mi cuerpo y todo de mí.

El tiempo pasó. Cada vez me hundía más y más, sin saber que era por la falta de perdón. Llegó un punto en que tomaba alcohol a toda hora del día. Cortaba clases en la escuela para ir a drogarme, al extremo de que me suspendieron. Ese año me debida graduar de 8vo grado, pero no me lo permitieron. Nada me importaba.

Las clases terminaron y durante las vacaciones mi condición empeoró, ya que desde temprano en la mañana salida con amistades, la mayoría adultos que me proveían drogas. Me drogaba y emborrachaba constantemente queriendo olvidar todo mi pasado, pero en mí había un vacío que nada ni nadie llenaba.

UNA NUEVA ETAPA

**HUYE TAMBIÉN DE LAS PASIONES JUVENILES,
Y SIGUE LA JUSTICIA, LA FE,
EL AMOR Y LA PAZ, CON LOS QUE
DE CORAZÓN LIMPIO INVOCAN AL SEÑOR.
2 TIMOTEO 2:22**

Comencé a asistir a fiestas y conocer a personas mayores que yo. Esto me permitió tener acceso a más drogas y alcohol, y salía con más frecuencia. Un día decidí irme de la casa de mi abuela para experimentar cosas nuevas. Mi familia no sabía dónde me había ido y con el tiempo me reportaron como desaparecida. No me importaba realmente, estaba completamente perdida.

Aunque a veces extrañaba a mi abuela y sentía un poco de disfrute en mi libertad, no tenía horarios para regresar a la casa donde me quedaba. A veces pasaba días enteros de fiesta en fiesta. Dentro de mí había mucho dolor, rencor y un gran vacío que intentaba llenar de la manera que el mundo me ofrecía. Sabía en mi interior que no estaba haciendo lo correcto y que mi estilo de vida no agradaba a Dios. Meses después, después de una fiesta, comencé a sentirme mal: vomité, tenía un fuerte dolor de cabeza y mucho cansancio, pero pensé que eran síntomas normales. Así que ignoré los síntomas y seguí con mi rutina de vida.

Un día decidí llamar a una amiga, quien me dijo que mi familia había estado buscándome y ya sabían dónde me encontraba. Me advirtió que, si no regresaba pronto, harían todo lo posible para que Enrique (el dueño del apartamento donde me quedaba) fuera arrestado, ya que yo era menor de edad.

Hablé con Enrique y decidí llamar a mi abuela por teléfono. Ella se alegró mucho de que estuviera bien y me pidió que regresara a casa. También me dijo que, al regresar, no presentarían cargos contra Enrique y que tenía que visitar a mi familia en Puerto Rico. Regresé con mi abuela y semanas después me fui de vacaciones a Puerto Rico para visitar a mi mamá y hermanos. Fue hermoso volver a verlos después de tanto tiempo lejos.

Los días y las semanas pasaron, y mi mamá notó cambios en mi cuerpo y comportamiento. Un día me dijo: "Heidy, ¿cuándo fue tu último período?". No lo recordaba, pero sabía que había pasado más de un mes. Entonces me preguntó si había tenido relaciones sexuales con alguien, y le respondí que sí. "Me parece que estás embarazada", me dijo, "porque tu cuerpo está cambiando. Te ves cansada todo el tiempo y tus senos están creciendo". En ese momento guardé silencio y sentí mucho miedo, ya que había soñado con dar a luz a una niña, pero no me atreví a decir nada.

Mi mamá decidió ir a comprar una prueba de embarazo. A su regreso me dijo: "Aquí está. Tienes que hacértela temprano en la mañana, tan pronto te levantes". A la mañana siguiente me levanté muy temprano y me hice la prueba de embarazo, la cual resultó positiva. Se la enseñé a mi mamá y se preocupó mucho. Sentí mucho miedo al informarle a mi novio. Él no quiso asumir ninguna responsabilidad, así que decidí quedarme a vivir con mi mamá durante el embarazo.

Pasaron varias semanas y fui a la primera cita médica. Viendo la ecografía, me dijeron que tenía más de dos meses de embarazo y que era de alto riesgo, que tenía placenta previa y que debía guardar reposo. Al escuchar el sonido del corazón por primera vez, algo adentro de mí cambió. Dejé de fumar y sentí por primera vez que mi vida tenía sentido. Mi embarazo progresó y el papa de mi hija decidió mudarse con sus padres a Cidra, Puerto Rico, para estar más cerca.

Enrique usaba drogas y no proveía lo que yo necesitaba durante mi embarazo: se lo gastaba todo en drogas. Recuerdo que en una ocasión estuve varios días sin comer nada sólido. Lloraba de la desesperación y tenía fuerte dolor a consecuencia del hambre. En ocasiones fui usada o me dispuse a comprarle las drogas a personas para que me dieran algo de dinero por el favor y con eso comprar algo de comer. Dios me libró en varias ocasiones de caer presa.

De una u otra manera, Dios siempre poníaal sentir en mi familia, ellos enviaban dinero a mi mama y ella se aparecía con algo de compra, justo cuando más lo necesitaba. Pasó el tiempo y mi embarazo progresó. Un día me sentí muy extraña. En eso estuve todo el día, sintiendo dolor y molestias. Por la noche el dolor fue muy intenso. Al llegar al hospital, me dijeron que estaba en labor de parto. Me enviaron a un hospital especial, ya que mi embarazo se había adelantado y mi bebé fue prematuro. Su llegada no fue fácil, pero trajo tanta felicidad a mi vida que nada más me importaba. A los dieciséis años de edad fui madre de una niña hermosa.

Mi mamá vino a conocer a su nieta y fui a pasar una semana con ella a su casa. Me pidió que me quedara, ya que sabia la situación con el papá de mi hija. Al mes de haber nacido mi hija, el papá comenzó a vender la leche de ella para drogas, por lo que me fui con mi mamá. Pero continuaba viviendo sin Dios. En una ocasión me mude a un cuarto en Guaynabo, PR, en ese lugar vivían muchos drogadictos y algunos traficantes rentaban cuartos para empacar la droga. Al principio todo parecía estar bien, pero al pasar las semanas y comencé nuevamente a usar drogas.

Con el tiempo volví a tomar alcohol, a fumar y a consumir drogas. A diferencia de antes, esta vez el consumo fue mayor, ya que ayudaba a varios traficantes a preparar la droga y empacarla para venderla. Ellos, a cambio, me daban la droga pura, por lo cual me volví extremadamente adicta. En ocasiones me vi en situaciones difíciles: uno de ellos me pidió sexo a cambio de la droga. En una ocasión estuve muy cerca de inyectarme la droga junto a unas amistades, cuando mi hija comenzó a llorar y fui a atenderla, lo que evitó que me inyectara. Lo que yo no sabía en ese momento es que Dios estaba librándome, ya que, al pasar las semanas, uno de los que estaban compartiendo la jeringuilla murió de sida, y pude haber sido afectada. Una vez más Dios cuidó de mí, aun cuando no lo merecía. En ese tiempo yo pasaba días sin comer, ya que todo era para la droga. Cuando ya no aguantaba más el hambre, me iba a los zafacones y comida de la basura que encontraba.

Con el tiempo me hice muy amiga de un traficante. Él era mucho mayor que yo. Trabajaba para el empacando la droga. Era un hombre muy conocido y de mucho dinero: tenía sus propios barcos y varias casas. Siempre me traía regalos, me llevaba a comer, compraba cosas para mi hija y me proveía grandes cantidades de drogas para consumirlas. Al pasar el tiempo, el papa de mi hija comenzó a lastimarme físicamente ya no solo era abuso verbal.

No me atrevía a hablar con nadie, ni siquiera con mi mamá. A la única persona que le hablé sobre el abuso físico fue a mi papá, pues lo veía frecuentemente cuando el visitaba ya que él era amigo del dueño donde yo vivía. Mi papá me dijo que era normal que hubiera peleas en la pareja y que yo tenía que aguantar como mujer. Me dio un beso en la frente, y se fue a comprar drogas y alcohol con Enrique.

Estaba cansada de vivir esa vida, pero no sabía cómo salir de ella. Al pasar los días, mi mamá llegó de sorpresa donde yo vivía. Alguien la había llamado y le había dicho la condición en que yo vivía. Ella me pidió que le entregara mi hija para que él bebé no sufriera, pero me negué a dársela y acepté irme con mi mamá junto a mi hija, y buscar una vida mejor para ambas.

Quería ser libre de las drogas y darle a mi hija la vida que ella merecía. Tuve que poner distancia de muchas personas y me mudé de Puerto Rico a Estados Unidos, con mi abuela. En ese tiempo pesaba menos de ochenta libras y estaba muy afectada, física y emocionalmente. Al mudarme con mi abuela, comencé a mejorar.

Sucedieron cosas en mi vida: tuve mi segunda hija. Visitaba iglesias, pero no quería compromiso con Dios. De esta manera, al pasar los años, rehíce mi vida. Estuve casada diez años y tuve a mis otras dos hijas. Dios me regaló cuatro princesas que me cambiaron la vida.

AL BORDE

DE LA MUERTE

Y JEHOVÁ VA DELANTE DE TI; ÉL ESTARÁ CONTIGO, NO TE DEJARÁ, NI TE DESAMPARARÁ; NO TEMAS NI TE INTIMIDES. DEUTERONOMIO 31:8

En mi matrimonio no era feliz. Mi esposo y yo teníamos muchas diferencias y nuestras personalidades eran muy diferentes. No compartíamos cosas en común ni creencias religiosas. Tuvimos muchos problemas, incluida la infidelidad, entre otras cosas, que nos llevaron al divorcio.

Con el tiempo, comencé a asistir a una iglesia. Iba a fiestas los fines de semana y me emborrachaba, pero todos los domingos asistía a la iglesia. Aparentaba ser feliz cuando, en realidad, me sentía sola, vacía y cansada de intentar, una y otra vez, cambiar y mejorar mi vida.

Con el tiempo, conocí a un hombre llamado Diego. Nos hicimos amigos y luego decidimos ser novios. Había cosas en él que me parecían extrañas, pero aparentaba ser una buena persona. Él no era cristiano, pero conocía las cosas de Dios. En varias ocasiones nos alejamos el uno del otro y dejamos de hablarnos. Tuve varios sueños en los que este hombre bajaba de un tren y, al recogerlo, me disparaba varias veces y se iba de la escena dejándome muerta. Sabía que Dios me estaba advirtiendo de un peligro, pero cada vez que Diego me buscaba, yo volvía a involucrarme con él. Mi familia lo conocía desde niño y me dijeron que tenía muchos problemas de conducta, pero yo, en mi rebeldía y frustración, y queriendo llenar ese vacío que sentía en mi corazón, no les hice caso. El tiempo seguía pasando y todo aquello que parecía ir bien y en paz se convirtió en una pesadilla de la cual Dios me había advertido.

Un día noté un comportamiento extraño en él, luego esa tarde buscó cualquier motivo para discutir, me lastimó con palabras muy hirientes y después me golpeó de una manera muy fuerte. Eso me llenó de mucho miedo. Nos separamos durante mucho tiempo y luego él me pidió perdón. Me confesó que su reacción había sido a causa de que antes era usuario de drogas (crack) y que cuando las necesitaba se ponía violento. Como aún no había sanado cosas de mi pasado con las que luchaba internamente, volvía a caer en el mismo círculo.

A pesar de asistir a la iglesia, no llevaba una vida de oración o búsqueda y me rodeaba de amistades que me alejaban aún más de Dios. Una noche, lloré en mi habitación y hablé con Dios. Le pregunté por qué pasaban tantas cosas. Cada palabra hiriente que Diego me decía me hacía sentir un dolor tan grande que llegaba a desear la muerte. Recordaba las palabras de personas cercanas a mí durante mi infancia, como aquellas que decían que ningún hombre me amaría o respetaría porque estaba marcada y sucia desde pequeña. Todo esto me afectaba profundamente y me hacía creer que debía aceptarlo, que mi vida estaba destinada al abuso.

Sentía la vergüenza de llevar una doble vida, sabiendo que no buscaba ni honraba a Dios como debía, y el dolor diario que experimentaba me impedía entregarme por completo a Él. Por un tiempo, decidí no ir a ninguna iglesia. El abuso físico que sufría a manos de Diego era extremadamente fuerte. Me arrastraba del pelo hasta arrancármelo de raíz y dejarme el cuero cabelludo sangrando. Sentía cada mordida en mi cuerpo. Podía contar cada diente marcado en mi piel, cada golpe en mi rostro (que debía ocultar con maquillaje para esconder lo que vivía). Me escupía en la cara frente a otras personas, me dejaba los labios rotos y me propinaba patadas, entre otras muchas cosas.

Recuerdo que una de esas noches los golpes fueron tan y tan fuertes... A pesar de estar tirada en el suelo y sin fuerzas para pelear, cogió una de sus botas Nike y me dio tan fuerte que me dejó la marca en mi piel. En ese momento entraron las nenas gritando y llorando, y pude ver creciendo en sus ojos el mismo miedo que tenía yo: el miedo de perder a su madre. A menudo me llamaban desde la escuela para asegurarse de que yo estaba viva, ya que tenían miedo de que, al regresar, estuviera muerta. En varias ocasiones el cayó preso, pero yo terminaba perdonándolo, ya que, desde mi niñez, crecí pensando que el abuso era algo normal y que parte del perdón era recibir a esa persona en tu vida una y otra vez.

Por eso es muy importante sanar las heridas antes de entrar a una relación. Con el tiempo comencé a ir juntos a una iglesia, en la cual sentí algo que por muchos años no había sentido: era el poder de Dios y su Espíritu Santo. En esta iglesia encontré refugio y sentí que no estaba sola. A pesar de que el abuso físico, verbal y emocional continuaba en casa, tenía la fe y la esperanza de que Dios me daría las fuerzas para salir de esa situación. Me sentía sucia. Pensaba que me iba a volver loca y en muchas ocasiones planifiqué acabar con mi vida y dejar a mis hijas con mi familia. El enemigo usaba personas, la duda, la falta de perdón y el miedo para completar el daño que me había causado desde mi niñez, y de esta manera detenerme en el camino para que la obra de Dios no se completara en mi vida. Peor aún, que también mis hijas fueran marcadas, ya que hay maldiciones que deben ser rotas en el nombre de Jesús, para que las cosas no se repitan en la vida de nuestros hijos.

Varios sucesos se repitieron en cuanto a la violencia doméstica.

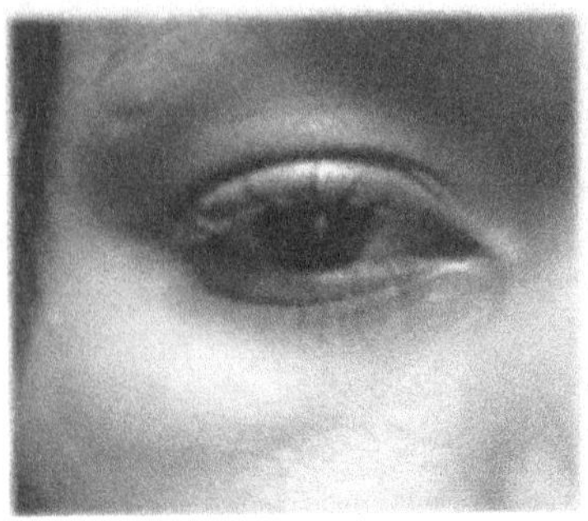 

Yo ya estaba decidida a entregarme por completo a Dios, porque reconocía que ya no quería seguir el estilo de vida que llevaba y, sobre todo, anhelaba sanar y ser libre.

Un día, él me golpeó de nuevo porque salí tarde de una vigilia. Rompió mi labio y me dejó un ojo hinchado. Estaba llena de miedo y muy débil debido a un tratamiento médico al que me estaba sometiendo. Le dije que no me golpeara más o llamaría a la policía. Algo dentro de mí había cambiado, ya no lo veía de la misma manera y me había fortalecido en Dios.

Esa noche llamé a la policía porque una de mis hijas también fue golpeada por él. Escapó antes de que la policía llegara. Desde ese día, me prometí que no toleraría más abusos y me prepararía emocional y económicamente para quedarme sola junto a mis hijas. Seguía asistiendo a la iglesia, pero aún había áreas de mi vida que necesitaban ser sanadas y muchas cadenas que romper, como el vicio del cigarrillo.

Recuerdo que un viernes, alrededor de las 8:00 a. m., después de dejar a mis hijas en la escuela, decidí ir a la iglesia a la que solía ir para orar. Ese día derramé mi corazón ante Dios y le pedí ayuda. Algunos hermanos oraron por mí y me invitaron a un retiro de mujeres al día siguiente, sábado. Cuando llegué a casa, pasé tiempo pensando y meditando sobre mi vida. Decidí entregarme por completo a Dios y dejar que él tomara el control.

El sábado fui al retiro de mujeres y Dios habló a través de dos hermanas. En ese momento, fui liberada del vicio del cigarrillo. En esta iglesia conocí a personas que se convirtieron en mi familia y me ayudaron en el proceso. Desde ese día, mi vida cambió por completo. Fui liberada del rencor, de los vicios y de ese ciclo de abuso que me perseguía y amenazaba la vida de mis hijas. Tuve la valentía de presentar cargos legales y obtener una orden de restricción. Él siguió huyendo de la policía, hasta que finalmente lo arrestaron. Pasaron algunas semanas y fue entonces cuando comenzó el proceso de restauración completo de mi vida, tanto para mí como para mis hijas. Fue un proceso muy doloroso en el que buscamos ayuda psicológica y espiritual. Él recibió una larga sentencia y nunca volvimos a estar juntos.

NO MAS MARIONETA

**EL DA ESFUERZO AL CANSADO, Y MULTIPLICA
LAS FUERZAS AL QUE NO TIENE NINGUNA.
ISAÍAS 40:29**

Quizás te preguntes qué es una marioneta. Una marioneta es una persona de carácter débil y poca voluntad, que se deja manipular por alguien. Todos, en algún momento, hemos sido marionetas de Satanás (consciente o inconscientemente, de una u otra forma). No es hasta que conocemos a Jesucristo que podemos percatarnos de esta triste realidad.

Cuando decidí salir de esta relación abusiva, el Señor abrió mis ojos y poco a poco desató las cadenas que Satanás me había impuesto. Muchos pensaban, incluso yo misma, que sería imposible salir de este círculo vicioso de abuso, en el que mi inocencia fue víctima de la maldad del hombre. Algo en mi interior me llenaba de fuerzas y me recordaba que no debía permitir que Satanás siguiera jugando conmigo. Me cansé de sentirme insignificante cuando sabía que fui comprada a precio de sangre. Me cansé de ser una víctima más. Me cansé de sentirme como un saco de boxeo de Satanás. Me cansé de ver cómo el enemigo intentaba repetir historias en la vida de mis hijas. Me cansé y decidí levantarme y no dejar pasar esta oportunidad.

Asistía a una congregación, pero sabía que, si quería cambios, eso no sería suficiente. Comencé una intensa búsqueda en casa. No fue fácil alzarme. Aunque deseaba que todo pasara de la noche a la mañana, no fue así. Dios fue tratando poco a poco conmigo hasta sanar y romper con todo, y aunque me dolió y muchas veces pensé en morir, el Espíritu Santo me dio las fuerzas.

En una ocasión, Dios me dijo que iba a tratar conmigo a solas, que iba a ser un trato muy personal. No entendí, pero con el tiempo, y buscando su presencia, me di cuenta de lo que significaba. En la intimidad, Dios rompió mis cadenas y me mostró que me estaba haciendo la guerra.

Algunas de las cosas que Dios me enseñó fueron el perdonar, la confusión, el miedo, la inseguridad, la depresión, el suicidio, las adicciones, el miedo al compromiso, las maldiciones generacionales, la homosexualidad, los cambios, la guerra espiritual y la falta de confianza. Pude entender que no encontraría gozo, amor, compasión y esperanza en el mundo, sino dolor, al punto de estar al borde de la muerte. Lo único que me mantuvo con vida fue la gracia y misericordia de Dios.

Como resultado de tantos años de sufrimientos, se me hacía muy difícil alzarme y creer en mí. Hubo momentos de desesperación. Yo quería sanar y ser libre. Deseaba que Dios curara mis heridas de manera instantánea, sin tener que pasar por el proceso. Hay heridas tan profundas que tardan en sanar. Los recuerdos invadían mi mente. Una profunda tristeza inundaba mi vida. La culpa y la duda se habían convertido en mi compañía. Sentía que era imposible alzarme y ser una mujer alegre, llena de vida, con sueños y esperanzas... La que una vez fui. Era como si la vida se hubiera empeñado en robarme la sonrisa y el gozo que provienen de Dios.

Sin darme cuenta, vivía una vida de apariencias: aparentaba estar bien y siempre brindaba una sonrisa a todo aquel que me rodeaba, pero en mi soledad sentía y deseaba morir. Se me hacía fácil perdonar a quienes me habían herido, pero no podía perdonarme a mí misma. Me sentía responsable de todo lo ocurrido en mi vida. La culpabilidad era una carga que llevaba conmigo a todas partes. Mi autoestima estaba por el suelo. Por eso se me hacía muy difícil levantarme y creer en mí.

Un día tomé la decisión de volver a estudiar con la esperanza de que al superarme me sentiría mejor. Nada daba resultado. A pesar de ir a la iglesia, yo no había sido completamente liberada, hasta que reconocí y entendí que necesitaba ser libre de las cadenas invisibles que ataban mi vida. Esas voces que me hablaban diciéndome que no podría levantarme y esos recuerdos que me causaban dolor eran demonios que tenían derecho sobre mí y que me atormentaban. Solo el poder de Dios podía hacerme verdaderamente libre. Muchas veces se nos hace fácil vencer a los gigantes que nos hacen la guerra, pero nos resulta casi imposible ser libres de esas cosas pequeñas que van entretejiendo nuestras mentes y corazones. Cosas como el temor, la duda, el rechazo, las raíces de la amargura, muy profundas, que a veces ni sabemos que están ahí porque el enemigo, poco a poco, nos pone una venda en los ojos para que no podamos ver con claridad.

En varias ocasiones Dios me habló y me dijo que quería usarme de manera especial, pero que le permitiera entrar en esas áreas que necesitaban ser restauradas. En ocasiones somos nosotros mismos quienes no permitimos que Dios haga su obra en nosotros, ya que nos negamos a aceptar la condición en la que estamos. En mi caso, pensaba que había perdonado a mi padre y a esas personas que me marcaron, cuando en realidad no los había perdonado de corazón, y esto impedía mi liberación completa.

Un día, mientras oraba, escuché una voz que me preguntó: "¿Perdonaste a tu padre?". Respondí que sí lo había perdonado. Entonces esa voz me dijo: "¿Por qué no oras por él, para que se salve y se arrepienta de sus pecados?". Lloré y le pedí perdón a Dios. En ese momento oré por mi padre y por cada persona que me había lastimado. Pedí misericordia para ellos y que fueran libres y transformados. Esto me ayudó a sentir alivio en mi vida y permitió que Dios obrara.

Hay momentos en los que uno se desespera, anhelando que las cosas sucedan instantáneamente. Yo oraba y le pedía a Dios que me transformara. Le decía que, por favor, hiciera un milagro y me levantara de un día a otro, completamente sanada, sin ningún recuerdo del pasado, pero nunca perdí la fe ni deje de orar.

Ahora entiendo que era necesario pasar por el proceso sin brincar etapas. Por años había recibido promesas, pero no veía cumplimiento de ellas, lo que me ensenó a tener confianza plena en él, pues tenía la seguridad de que a su tiempo completaría la obra en mí.

El proceso de sanidad y liberación en mi caso fue lo más difícil que he experimentado, ya que durante este proceso reviví psicológicamente momentos de desesperación y mucho dolor. En ocasiones podía sentir el dolor físico que había experimentado. Fue a través de la confrontación y el quebrantamiento personal que pude recibir sanidad y liberación.

Dios trabajó en mi vida poco a poco. Primero trabajó en aquellas áreas afectadas desde mi infancia, como la falta de amor propio, la desconfianza, la inseguridad, entre otras. El área más difícil de abordar fue la de las heridas dejadas por la violencia doméstica. Estas marcaron mi corazón y me contaminaron. Era una herida profunda que no permitía que nadie se acercara a ella. Poco a poco fui abriendo mi corazón para que Dios sanara esa zona.

En la vida cotidiana, existen diferentes procesos para sanar las heridas físicas... Hay distintos tipos de heridas. Algunas son consecuencia de accidentes y otras de intervenciones quirúrgicas. Cualquier ruptura en la piel es una herida. Sin los cuidados necesarios, se corre el riesgo de que se infecte (una infección es el proceso mediante el cual los gérmenes ingresan a una parte del cuerpo y se multiplican, causando en ocasiones enfermedades que pueden afectar a otras áreas del cuerpo). Para evitar infecciones, es necesario cuidar adecuadamente la herida.

Cuanto más profunda, grande o sucia sea la herida, mayor será el cuidado que requiere y más tiempo llevará sanar. No siempre los médicos cierran de inmediato las heridas. Si existe la posibilidad de que esté contaminada, la dejan abierta para limpiarla. Lo mismo nos sucede en ocasiones. La herida queda abierta debido a una infección, como la falta de perdón, etc.

Es necesario que la herida quede abierta hasta que le demos cabida a Dios para que entre y sane por completo, sin dejar ninguna contaminación en nuestro interior. Hay heridas que requieren puntos de sutura para unir dos capas separadas. Estos puntos se retiran días después para que la herida cicatrice, y su retirada puede causar dolor e incomodidad. De la misma manera, las heridas del alma causadas por diferentes circunstancias que atravesamos.

Podemos comparar las infecciones con aquellas cosas que crecen dentro de nosotros y que poco a poco crean como una red, afectando otras áreas. Se convierten en un círculo vicioso: el odio y el deseo de venganza, entre otras cosas. Estas marcan nuestras vidas de una u otra manera y requieren un proceso de sanación. Son procesos dolorosos, pero necesarios en los que debemos permitir que Dios entre y comience a retirar esos puntos y desinfectar cada herida. Tal vez esos puntos sean la falta de perdón, falta de amor propio, desconfianza, duda, temor, entre tantas cosas que nos agobian y nos estancan.

Cuando deseamos ser sanos y liberarnos de las cosas del pasado, es necesario perdonar de corazón. Debemos perdonar a aquellos que nos han hecho daño, pero también perdonarnos a nosotros mismos. Personalmente, me sentía responsable del divorcio de mis padres. Si nos negamos a perdonar y nos aferramos a ser víctimas en lugar de sobrevivientes, permitiremos que el odio se arraigue, lo cual detendrá la obra del Espíritu Santo en nosotros. Podremos sentir la presencia de Dios, hablar en lenguas y hacer milagros, pero aún estar atados. Vivir llenos de resentimiento y culpabilidad nos aleja de Dios y detiene nuestro crecimiento espiritual.

Un día me di cuenta de que era necesario entregarle todo a Dios. A través de la humildad y el arrepentimiento, me postré ante Cristo y me reconcilié con Él. Aunque asistía a la iglesia, mi vida todavía estaba atada a las cosas del mundo. Poco a poco, mi vida fue transformada. Busqué a Dios en espíritu y en verdad, y anhelé vivir una vida de santidad tanto interna como externamente. Me propuse ayunar, y durante ese ayuno, las cadenas fueron rotas y comprendí que había maldiciones generacionales que me perseguían y de las cuales debía renunciar.

Tuve que atravesar momentos de escasez. Pasé por desiertos y experimenté la aceptación de mi quebrantamiento y el silencio de Dios en mi vida. Busqué a Dios en todo momento y lugar. Su presencia se convirtió en todo para mí. He visto la mano de Dios obrando de manera especial e inexplicable en mi vida. Para Él no hay nada imposible. Siempre está dispuesto y nos espera con los brazos abiertos. Su amor y su misericordia no tienen fin. Es un amor que sobrepasa toda comprensión. Algo que he aprendido es que nosotros somos los que impedimos que Dios fluya en nuestras vidas. Nosotros somos nuestro mayor impedimento para que se cumpla el propósito de Dios. Muchas veces permitimos que las dudas y el dolor nos impidan agradar a Dios y alabarlo de todo corazón.

Cuando entregamos todo en Sus manos, toda obra es para bien. Puede haber cosas que no entendemos en ese momento, pero debemos tener fe en Dios y estar seguros de que todo lo que Él permite en nuestras vidas es para testimonio y para glorificarse a Sí mismo. Lo peor que podemos hacer es culpar a Dios por las cosas malas que nos suceden. La maldad en la tierra es resultado de la maldad del hombre y del pecado. Dios nos ha dado libre albedrío y cada uno es responsable de sus acciones y rendirá cuentas a Él por ellas. Nunca debemos asumir el papel de víctimas, sino de sobrevivientes. Debemos dar gracias a Dios por sacarnos del fango y no mirar hacia atrás.

Al entregarlo todo a Dios, tuve nuevas experiencias en mi vida espiritual. Sentí cómo estaba moldeando mi vida y quitando todo lo que no era de Su agrado.

CONFUSIÓN

La confusión es la falta de orden o claridad, y entra en nuestras vidas cuando depositamos nuestra confianza en la persona equivocada. Debemos entender que la Biblia nos enseña claramente que Dios no es el autor de la confusión y que una fuente de confusión es el pecado (Daniel 9:8-9). Sin embargo, debemos abrazarnos cada día más a Dios y poner en práctica este proverbio: "Confía en el Señor de todo tu corazón y no te apoyes en tu propia prudencia. Reconócelo en todos tus caminos, y él enderezará tus sendas. No seas sabio según tu propia opinión; teme al Señor y apártate del mal; porque será medicina para tu cuerpo y refrigerio para tus huesos" (Proverbios 3:5-8).

MIEDO

Todos sabemos lo que es el miedo. De una forma u otra, nos hemos enfrentado a situaciones en las que hemos sentido miedo por diferentes razones. Sin embargo, muy pocos realmente pueden deshacerse de él. Solo hay algo que realmente puede eliminar todo el miedo de nosotros y es el amor de Dios. No solo saber que él nos ama, sino permitir que él perfeccione su amor en nosotros (1 Juan 4:18). El miedo no solo nos encarcela, sino que su fin es el lago de fuego (Apocalipsis 21:8). No importa cuán fuertes sean nuestros miedos, no podemos huir, sino enfrentarlos bajo la guía del Espíritu Santo.

INSEGURIDAD

A causa del pasado, el mundo ha perdido su identidad, y esta es la raíz de la inseguridad. Cristo no solo vino a la tierra para morir por nuestros pecados y vencer la muerte, sino que vino a recuperar lo que se había perdido. La única forma en que podemos sentir seguridad en nuestras vidas es a través de Cristo Jesús, pues él es "el camino, la verdad y la vida", y nadie llega al Padre sino por él (Juan 14:6).

DEPRESIÓN

La depresión es un trastorno que se ha extendido ampliamente, afectando a millones de personas, tanto cristianas como no cristianas. Aquellos que sufren de depresión pueden experimentar intensos sentimientos de tristeza, ira, desesperanza, fatiga y una variedad de otros síntomas. Pueden comenzar a sentirse inútiles e incluso pensar en el suicidio, perdiendo interés en las cosas y personas que antes disfrutaban. Dios da aliento a los deprimidos. Quizás no eliminará todos tus problemas, pero te dará las fuerzas para seguir adelante. Debemos esforzarnos por ser del Espíritu Santo y dar frutos a través del gozo. Podemos alegrarnos y confiar en Dios sabiendo que todas las cosas obrarán para bien. Salmos 34:18 dice: "Cercano está el Señor a los quebrantados de corazón; y salva a los contritos de espíritu".

SUICIDIO

Muchas personas piensan en el suicidio como una solución a sus problemas. Piensan que al acabar con su vida también terminarán con ellos, pero en realidad los lleva a un sufrimiento eterno en el infierno. El suicidio es el resultado de un terrible sufrimiento emocional.

Si observamos cuáles son los frutos del Espíritu (amor, gozo, paz, paciencia, bondad, benignidad, fe, mansedumbre y templanza), el suicidio, que es un gran odio hacia nuestra propia vida, no es un buen fruto, sino una obra de la carne (Gálatas 5:17-21). Somos templo de

Dios y debemos cuidarlo (1 Corintios 3:16-17). Satanás utiliza el dolor para hacernos sentir que no tenemos valor y que somos un error, para llevarnos al suicidio y que nuestra alma se pierda en el infierno.

ADICCIONES

Debemos reconocer el valor que tenemos en las manos de Dios y reprender todo lo que nos diga lo contrario. Las adicciones, ya sea a las drogas, el alcohol, los medicamentos, el cigarrillo, la pornografía, las apuestas, la comida, etc., son una forma en que el ser humano intenta encontrar refugio o solución a cosas que nos lastiman y queremos olvidar, aunque sea de manera temporal. El pecado de estas adicciones nos lleva a la muerte, y lo que comienza como algo pequeño con el tiempo nos consume. La única manera de salir de estas adicciones es reconocer que estamos mal y entregarnos a Dios para que nos ayude.

Salir de una adicción es un largo proceso, porque cuando Satanás ve que estás determinado a cambiar, viene a tentarte una y otra vez hasta que vea que realmente estás firme: "Someteos, pues, a Dios; resistid al diablo, y él huirá de vosotros" (Santiago 4:7).

MALDICIONES GENERACIONALES

Una maldición es una expresión o conjunto de palabras con las que se invoca o se desea el mal a una persona.

Cuando hablamos de maldiciones generacionales, nos referimos a una maldición pronunciada por alguien influenciado por Satanás, y que sigue activa de generación en generación. Por eso vemos que muchas mujeres que sufrieron abuso cuando eran niñas también tienen hijas abusadas, o cuando un joven es adicto a las drogas, el padre y el abuelo también lo fueron.

Debemos tener mucho cuidado con lo que sale de nuestras bocas, porque muchas veces maldecimos a nuestros hijos y a las generaciones venideras sin siquiera darnos cuenta. ¿Cuántas veces hemos escuchado a padres decirles a sus hijos que no sirven para nada?

Cosas como estas se convierten en maldiciones. Al convertirnos, es muy necesario romper y renunciar a toda maldición que quiera perseguirnos, y ayunar para que el Señor rompa toda palabra corrompida en nuestra contra.

HOMOSEXUALIDAD

La homosexualidad es el deseo sexual o atracción física hacia personas del mismo sexo, y va en contra de la voluntad de Dios y de su orden establecido desde la creación (Génesis 1:27-28; Levítico 18:22). Es considerado un pecado ante los ojos de Dios, pero es importante recordar que Dios ama a cada uno de nosotros, aunque aborrezca nuestros pecados. Dios está dispuesto a perdonarnos y purificarnos. Solo debemos confesar nuestros pecados y pedirle que nos transforme y elimine toda confusión de nuestras mentes.

PERDÓN

El perdón es el acto de perdonar (disculpar, olvidar) a otra persona por habernos herido o dicho algo ofensivo. En algún momento de nuestras vidas, todos hemos tenido que perdonar a alguien que nos ha lastimado. Es posible que tengas que perdonar a personas que ni siquiera se han arrepentido ni te han pedido perdón, lo cual puede ser muy difícil. Perdonar a alguien voluntariamente es un beneficio propio, porque al perdonar, se rompen las cadenas de tristeza, amargura, depresión y odio, y le permites a Dios entrar en tu vida y sanarte por completo. El perdón te libera y abre las puertas a las prisiones espirituales. La falta de perdón también puede afectar nuestra salud, causando problemas cardíacos, hipertensión, ansiedad y ataques de pánico, entre otros.

Al no perdonar, condenamos a nuestra generación a vivir en la amargura, ya que cada uno da lo que tiene en su interior. Una persona herida hiere, y una persona amargada llena de amargura a aquellos que la rodean. Sin perdón, no podemos amar de la manera correcta, ya que arrastramos cargas del pasado que terminan lastimando a personas que no son culpables de nuestras heridas. Jesús nos dio el mayor ejemplo al perdonar, amar y orar por aquellos que nos han lastimado.

SUPERAR LOS TRAUMAS

En la vida, todos pasamos por traumas o situaciones que marcan nuestra vida de una u otra manera. Estos pueden incluir el abandono de un padre, el rechazo de un familiar, burlas de compañeros, abuso físico, sexual o emocional, entre otros.

Es necesario sanar. El proceso de sanación es diferente para cada persona, pero todos necesitamos de Dios para que esta sanidad sea completa y efectiva. Es importante reconocer nuestra condición, aceptar que estamos heridos y confesarlo, ya sea con un profesional, un líder espiritual y, sobre todo, hablarlo con Dios.

Aceptar y buscar soluciones y cambios es la única manera de poder trabajar en esas áreas. En la Biblia encontramos muchas historias de personas con diferentes necesidades y enfermedades. Todas y cada una de ellas alcanzaron su milagro al reconocer que necesitaban libertad y sanidad. Todas se cansaron de vivir en la condición en la que se encontraban y buscaron su milagro. Después de reconocer y admitir que necesitamos ayuda, debemos actuar. Entreguemos todo a Dios, rindámonos y permitamos que Él sane cada área de nuestras vidas.

GUERRA ESPIRITUAL

Todos los puntos que tocamos anteriormente se pelean haciendo guerra espiritual. Como creyentes estamos en una guerra constante. El enemigo usa a la gente para herirnos, pero no son ellos, sino los demonios y las malicias en ellos. Satanás vino a robar, matar y destruir. Eso es lo que quiere hacer con cada uno de nosotros, así que tenemos que ponernos la armadura de Dios (Efesios 6, 10-18) y pelear por nuestra salvación, contra toda mentira del diablo y renunciar a nuestro pasado.

Todas estas cosas las aprendí en la intimidad con Dios, y tuve que ser muy procesada. Pude perdonar a mi padre y a todos los hombres que habían abusado de mí, y ahora puedo orar por ellos, desearles el bien y que algún día logren conocer a Dios y ser salvos. Dios cambió mi vida por completo y puedo ver las grandezas de el en mi vida. Desde niña tenía un sueño en el que, después de una larga persecución, un hombre, con una luz resplandeciente, me esperaba con los brazos abiertos y me sanaba de mis heridas. Así mismo, Dios me estaba esperando para transformarme por dentro y por fuera. Cada lagrima tiene su recompensa y cada proceso tiene un propósito. Yo no hubiera podido ser la mujer que soy hoy sin cada proceso que tuve que pasar. Hoy puedo decir que estoy bendecida con una familia entregada al Señor. Pero ¿qué habría pasado si yo me hubiese quedado conforme con mi estilo de vida, con el hecho de que el mundo me viera como una simple víctima más del abuso sexual y físico?

Todavía estaría en el mismo estanque, quizás muerta y mi alma perdida en el infierno.

No podemos dejar que el dolor y las heridas nos cieguen y nos detengan. No permitas que las heridas que tienes en ti te hagan olvidar al Dios Todopoderoso. Hoy quiero que sepas que todo lo que el diablo usó para destruirte Dios lo usará para moldearte. Que cada lagrima que derramaste Dios la quiere usar para bendecirte y que seas testigo de su poder transformador y de su infinito amor. No podemos vernos como una víctima más, sino como sobrevivientes que hemos recibido un regalo inmerecido. Él nos amó primero, y solo por eso debemos servirle y dejar que nos tome en sus manos y nos de la forma que quiera.

A pesar de todo lo que viví, algo puedo decir hoy: más allá de todas mis heridas, yo soy testigo del poder de Dios y de cómo él nos puede transformar. Alguien en quien nadie veía valor, en la convirtió en una perla preciosa. ¡Es tiempo de empezar a vernos más allá de nuestras heridas!

Desde que me entregue por completo he visto a Dios restaurar mi vida. Dios me ha dado una hermosa familia y lo más importante me ha regalado perdón, salvación y vida eterna.

Hoy te invito a abrir tu corazón y a que invites a Dios a tu vida. Que le permitas a su Santo Espíritu morar en ti.

Que entre a tu casa, y transforme todo. Entrégate por completo.

Si deseas orar, me uno a ti en este momento….

Amantísimo padre, mi Señor y Salvador.
Me humillo ante ti reconociendo que soy pecador(a)
y necesito ser libre en ti.
 Me arrepiento de todos y cada uno de mis pecados.
Ayúdame a perdonar y sana cada área en mí.
Te entrego todo lo que tengo y todo lo que soy.
Límpiame y seré limpio.
Rompe las cadenas que atan mi vida.
Yo suelto el perdón a todos los que me han lastimado
 y pido perdón a aquellos que he herido en el camino.
Desde hoy quiero servirte.
Escribe mi nombre en el libro de la vida
y que nunca más sea borrado.
Ayúdame a ver como tu vez y a vivir en santidad
obedeciendo tu palabra.
En el nombre poderoso de Jesús,

¡Amen!